Charmante Shops in Wien

diestadtspionin

Charmante Shops in Wien

100 Geschäfte und Manufakturen

WUNDER GARTEN

SchönDing

Zweigstelle

Lilo's

Coco Wasabi

Calienna

Kiehl's

Ihr seid auf der Suche nach einem chicen Kleid, wollt die neuesten Wohntrends aufspüren oder der besten Freundin etwas Ungewöhnliches schenken? Dann ist dies Euer Stadtführer! Aus der schier unüberblickbaren Menge an Geschäften in Wien habe ich für Euch 100 Perlen herausgepickt – Shops und Manufakturen, die das gewisse Etwas haben. Ob Mode, Vintage, Geschenke, Wohnen oder Beauty, für jede Lebenslage ist etwas dabei. In „Charmante Shops" präsentiere ich nur Empfehlungen, die auch wirklich geprüft und getestet wurden – und zwar anonym! Jedes Geschäft wurde inspiziert, genau wie im Newsletter *www.diestadtspionin.at,* in dem ich einmal pro Woche den „Shop der Woche" küre. Eine Auszeichnung, die mittlerweile zum begehrten Gütesiegel in Wien wurde.

Wie der Newsletter beinhaltet auch dieses Buch Shops quasi aus allen Himmelsrichtungen. Da kann man günstig oder teuer einkaufen, sich für regionale Produkte oder Schönes aus aller Welt interessieren, minimalistisches Modedesign erstehen oder romantisch die Wohnung ausstatten. Charmant sind alle hier vorgestellten Shops. Und noch eines haben all die Geschäfte, Ateliers und Manufakturen gemeinsam: Sie sind einzigartig. Typisch Wien eben.

Viel Spaß beim Bummeln wünscht Euch

Eure StadtSpionin
Sabine Maier

Aesop

Inhalt

Staudigl

Lena Hoschek

Raiffeisen Wien
Meine Stadtbank
WER GEHT MIT,
WENN ICH DIE
WELT EROBERN
WILL?
MEINE STADTBANK.
WIR MACHEN DEN UNTERSCHIED.
Unser Ziel ist es seit jeher, Menschen dabei zu unterstützen, selbstständig und unabhängig zu leben. Gemeinsam mit unseren Kunden wollen wir etwas bewegen, etwas schaffen und für die Zukunft aufbauen. Darum sind wir als Bank jederzeit persönlich und digital für Sie da. Überzeugen Sie sich selbst in einer unserer Filialen oder – jetzt neu – auch per Videoberatung.
Nähere Infos unter meinestadtbank.at
Impressum: Medieninhaber: Raiffeisenlandesbank Niederösterreich-Wien AG, F.-W.-Raiffeisen-Platz 1, 1020 Wien

Mode

Lena Hoschek Flagship Store

Ein Hauch von Hollywood

Seilergasse 16, 1010 Wien Mo–Fr: 10.00–19.00; Sa: 10.00–18.00
www.lenahoschek.com

10 Hoschek-Fans mussten ihr Fashion-Navi neu programmieren: Der Store im Siebten ist Geschichte, die Star-Designerin residiert nun in einem 300 Quadratmeter großen Flagship Store in der City, nur einen Steinwurf vom Stephansdom entfernt. Bei der Gestaltung hat sich Lena Hoschek selbst ordentlich ins Zeug gelegt, der Laden im Trattnerhof verbreitet mit Sanderson Tapeten, einer Vintage-Kassentheke und spektakulären Lampen schickes Hollywood-Flair. Ein perfektes Setting nicht nur für die glamourös-bunten Kollektionen der Modemacherin, sondern auch für ihre hinreißenden Dirndln. Retro-Stil, ganz modern.

MODE

Michel Mayer

Raffiniert, drapiert, elegant

Singerstraße 7, 1010 Wien Di–Fr: 11.00–18.00; Sa: 11.00–17.00
www.michelmayer.at

Die Designerin Michel Mayer zählt zu den Pionierinnen der Wiener Modebranche. Schon in den 1990er Jahren gründete sie ihr gleichnamiges Label, seit über 20 Jahren ist ihre kleine, feine Boutique (mit dem angeschlossenen Atelier) in der Singerstraße ein Fixpunkt der Modewelt. Auch für nachhaltig denkende Fashion Queens, denn die feminine Mode wird nicht nur in Wien entworfen, sondern hier auch produziert. Zeitlose Schnitte, fließende Silhouetten und raffinierte Drapierungen zeichnen die Mode von Michel Mayer aus. Kein Wunder, dass aufwendige Abendkleider ihre Spezialität sind – wovon man sich besonders in der Ballsaison überzeugen kann.

rudolf Vienna

Masche für Masche

Bauernmarkt 11, 1010 Wien Di–Sa: 11.00–18.00
www.rudolfvienna.com

12 So was nennt man puristisches Design! In der hip gestylten, im Herbst 2021 bezogenen Boutique am Bauernmarkt lenkt nichts von den gestrickten Kunstwerken ab, die hier auf den Kleiderstangen hängen. Das Austro-Stricklabel von Lisa Mladek und Antonia Maedel hat einen irgendwie altmodischen Modestil aus der verstaubten Ecke geholt. Das Ergebnis sind abgefahrene (Unisex-) Strickhosen, Kleider, Schals und Pullis – mit und ohne Fransen, sowie Kissen und Plaids. Alles wird im Umkreis von nur 150 km in Minimanufakturen produziert. Selbst das Garn bekommt in der eigenen Färberei Naturfarbglanz von „Lobster“ bis „Krapp“ verliehen.

MODE

Schella Kann

Raffinierte Designer-Mode

Spiegelgasse 15, 1010 Wien · Mo–Fr: 11.00–18.00; Sa: 11.00–17.00
www.schellakann.com

Was lange währt, wird endlich gut! Seit mehr als 30 Jahren machen Gudrun Windischbauer und Anita Aigner, bekannt als Schella Kann, großartige Mode. Lange Zeit gab's die Stücke nur in ausgewählten Läden, bis sie ihren eleganten Flagship Store eröffneten. In einem wunderbaren Art Deco Haus gelegen und in reduziertem Schwarz-Weiß-Design eingerichtet, passt er perfekt zur Mode von Schella Kann. Die ist zwar nicht ganz billig, aber so klare Linien, so zeitlose Avantgarde und so viel Raffinesse im Detail beherrschte hierzulande bisher nur einer – Helmut Lang. Und der entwirft bekanntlich keine Mode mehr. Toll auch die großen Umkleideräume. Schwärm!

Unikatessen

Wiens ungewöhnlichste Boutique

Margaretenstraße 45, 1040 Wien Mo–Fr: 12.00–19.30; Sa: 12.00–18.00
www.unikatessen.at

14 Daniela Cismigiu ist eine Schatzsucherin. Fotografien auf Seidentops gedruckt findet sie in Wien, modisches Summer-Feeling in Australien, die Vintage-Raritäten (da kann schon mal ein Kleid von Jackie Kennedy dabei sein) stammen aus Amerika. Und damit füllt sie einen wunderschönen Concept-Store: hohe Rundbögen, der Verkaufstresen ein Klavier, auf den Umkleidekabinen Laser-Cut-Spinnen aus alten Perserteppichen, gegossen in Beton. Viel lässiger geht's nicht. Verkauft werden Einzelstücke und kleine Kollektionen wechselnder Jung-Labels – darunter auch Wiener DesignerInnen wie DIPTYCH und Ferrari Zöchling.

Pia Mia

Zeitlos Schönes für jede Gelegenheit

Schönbrunnerstraße 65, 1050 Wien Di–Fr: 11.00–18.00; Sa: 11.00–17.00
www.piamia.at

So reduziert wie ihr Shop eingerichtet ist, zeigt sich auch die Mode der Wiener Designerin Susanne Dziadek. In ihrer feinen Boutique dienen lange Holzäste als Kleiderstangen – und an denen hängen Hosen, Kleider (auch Hochzeitskleider!), Jacken, Mäntel und Blusen. Alle elegant, zurückhaltend, schlicht, zeitlos, fließend und trotz allen Schicks bequem. Wer wiedermal auf der Suche nach einem „All-Time-Lieblingsstück" ist, wird hier sicher fündig. Allerdings nur als Frau. Aber: Im Nebenzimmer betreibt Partner Andreas Pohnitzer seine Kopfhörerboutique für echte Musik-Feinspitze. Das ist dann auch was für die Herren der Schöpfung.

Glein

Weniger ist mehr

Neustiftgasse 18, 1070 Wien Di–Sa: 12.00–18.00
www.glein.wien

16 Puristischer geht's nicht: Zum Start standen im Glein genau zwei Taschen sowie ein Schuhmodell in allen Größen und ein paar Holzmöbel. Und das ist auch exakt der Plan: Produkt-Designer Sebastian Leitinger lässt unter seinem Label nur hochwertige Basics produzieren, die so regional wie möglich hergestellt werden – und deren Design pur und saisonunabhängig ist. Zeitlose Stücke, die der Schnelllebigkeit der heutigen Zeit entgegenwirken. Entworfen wird alles im Shop-Atelier, manches wird auch gleich hier produziert. Wie die schönen Mäntel, die dann vor Ort angepasst werden können. Damit jeder perfekt sitzt.

Hannes Roether

Lässiges Understatement

Gumpendorfer Straße 28, 1060 Wien Mo–Fr: 11.00–19.00; Sa: 10.00–18.00
hannesroether.de

Edle Naturmaterialien sind die Leidenschaft des deutschen Designers Hannes Roether, der auch in Wien einen Store eröffnet hat. Die Boutique: geräumig, rohe Ziegelwände, schwarz geflämmtes Holz, eine alte, freigelegte Gewölbedecke. Der Inhalt: richtig smarte Avantgarde-Mode für Damen und Herren. Tolle Strick-Kleider, zarte Pullis aus „gekochter Wolle“ und Mäntel aus „Deutschleder“ – festem Stoff, der mit der Zeit weich und speckig wird. Lässig, aber niemals nachlässig ist das Motto des Designers, der nach eigener Aussage keine Mode macht, sondern Kleidung – und zwar solche, die bleibt. Zeitlose Lieblingsstücke eben.

MODE

elke freytag

Urbaner Stil für souveräne Frauen

Lindengasse 14, 1070 Wien Mi–Fr: 12.00–18.00; Sa: 10.00–15.00
www.elkefreytag.com

Elke Freytag hat ihr Atelier von Klosterneuburg nach Wien in die Lindengasse verlegt und dort auch gleich ihren Showroom eingerichtet – ganz in Weiß mit weißen Fauteuils. Puristisch-klare Schnitte und starke Farben prägen die Mode von Elke Freytag, die in ihrem „ersten Leben" Hochbau-Technikerin war. Ein Glück, dass sie sich doch noch für die Mode entschied, so können wir nun ihre zeitlosen Kleider und urbanen Abendteile erstehen. Die tragbare Mode versprüht Charme und Lebenslust, die Kollektionen bestehen aus Kleinstserien – so entstehen individuelle Stücke, nachhaltig produziert.

Domus Vivendi

Modeloft mit Atelier

Westbahnstraße 5a, 1070 Wien · Di–Fr: 12.00–19.00; Sa: 12.00–17.00
www.domusvivendi.store

20 Modus Vivendi ist ein Wiener Label für zeitlose Strickmode – der Shop der Designerinnen aber heißt Domus Vivendi und gibt sich lässig international: offenes Loft-Flair, blanker Betonboden und dazwischen rankt sich Grünes die Eisenregale hinauf. Key Pieces von Modus Vivendi sind die Beanies und Pullover aus meliertem Merinostrick, weil das hier jetzt ein Concept Store ist, gibt's aber auch internationale und heimische Mode. Wie Herrenmode von Viktor & Rolf, die Taschen von Eva Blut und Schuhwerk von rosa mosa. Gewerkelt wird an den Maschinen direkt im Laden, frau kann beim Modeschaffen also live zusehen!

MODE

eigensinnig

Mode für Individualisten

Sankt-Ulrichs-Platz 4, 1070 Wien Mo–Sa: 10.00–18.00
www.eigensinnig-wien.com

Das Wort „cool" ist ja in den letzten Jahren so durchgenudelt worden, dass man es eigentlich nicht mehr verwenden darf. Aber das eigensinnig ist genau das: umwerfend „cool"! In einem Barockhaus wurde das Erdgeschoß entkernt und in ein Loft verwandelt: mit Beton-Boden, rohen Wänden und Möbeln aus Stahl und Leder. Im Schauraum, der immer mal wieder auch als Galerie verwendet wird, hat sich chice Avantgarde-Mode für Damen und Herren breitgemacht: ausschließlich in schwarz und grau. Einerseits von angesagten Designern aus aller Welt, andererseits vom eigenen Label eigensinnig wien. New York lässt grüßen!

Yes My Dear

Concept Store mit elegantem Twist

Sieveringer Straße 36, 1190 Wien Mi–Fr: 11.00–19.00; Sa: 11.00–15.00
www.yesmydear.at

Im edlen Daringerhof in Sievering gibt's einen neuen Concept Store: Schon das strahlende Jugendstilhaus mit dem hübschen Garten ist hinreißend, tritt man ein, steht frau quasi im erweiterten Wohnzimmer von Besitzerin Elisabeth Schmidinger-Schott. Da hängen feine Kleider für die große Geldbörse (von MMissoni, Odeeh & Co.) neben der in-house gefertigten eigenen Ledermode-Kollektion, dazu gibt's Home Accessoires, Möbel und eine gut bestückte Bar. Lust auf ein Fruth-Törtchen, einen Kaffee oder ein Glas Champagner auf der Wiese vor dem Shop? Gern. Denn hier geht's nur um eins: wohlfühlen!

MODE

wiener konfektion

Handmade in Vienna

Westbahnstraße 4, 1070 Wien Mo–Fr: 12.00–18.00; Sa: 11.00–16.00
www.wiener-konfektion.at

In der Westbahnstraße präsentiert Designerin Maria Fürnkranz-Fielhauer ihr Modelabel wiener konfektion. Als Absolventin der Universität für angewandte Kunst und gelernte Schneiderin verbindet sie hochwertiges Design mit Handwerkskunst zu tragbarer Mode. Ihre Wickelkleider sind stadtbekannt, aber vor allem wenn sie ein Paket aus Tokio erhält, dürfen Fashionistas sich freuen: Was die Designerin regelmäßig aus Original-Seidenkimonos ehemaliger Geishas kreiert, ist schlicht zauberhaft! wiener konfektion ist Shop, Atelier und Werkstatt in einem – und gerne darf beim Arbeiten zugeschaut werden. Fair und regional aus Wien!

amour fou*

Die etwas anderen Dessous

Barnabitengasse 14, 1060 Wien Mo–Fr: 11.00–19.00; Sa: 12.00–18.00
www.amour-fou.at

Die Liebe hat „Madame amour fou" Astrid Bleier vor ein paar Jahren nach Berlin verschlagen. Dort verguckte sie sich in die wunderschöne Wäsche von blush. Zurück in Wien ließ sie der Gedanke an die sinnliche, aber doch bequeme Spitze nicht mehr los – und in Wien fehlte ohnehin eine charmante Dessous-Boutique. Also wurde kurzerhand eine eröffnet! Der Shop im alten Gewölbe des Barnabitenklosters ist nicht groß, aber hoch (mit Goldkuppel!) und führt nur kleine, auf Nachhaltigkeit bedachte Labels – von „La fille d'O" mit ihren raffinierten Monowire Bras bis zu zarter Spitzen-Lingerie von „Else". Sexy, schmeichelnd und sehr tragbar!

MODE

RelaxGarden Vienna

Von London nach Wien

Neubaugasse 59, 1070 Wien   Mo–Sa: 11.00–18.00
relaxgarden-london.myshopify.com

Rosa karierte Hosen, groß gepunktete Jeansjacken, lässige Jumpsuits, knallbunte Kleider und Pullis mit Gänseprints: Dass man hier in einer etwas anderen Mode-Nische gelandet ist, ist schnell klar. Der Inhaber des kleinen, hellholzigen Fashion-Stores in der Neubaugasse ist nämlich der zuvor in London und Tokyo lebende Modedesigner Shinya Abe, der auch in Wien eine Dependance eröffnet hat. Dort können Modemutige und Farbfreudige hauptsächlich Styles des Inhaber-eigenen Labels „Zacro" ergattern, aber auch hippe Stücke von anderen japanischen und südkoreanischen Indie-Marken. Ausgefallen und nicht überteuert!

Hüte, Taschen & Schuhe

HÜTE, TASCHEN & SCHUHE

Bellas Vienna

Bequem und chic

Sonnenfelsgasse 8, 1010 Wien Mo–Fr: 11.00–18.00; Sa: 11.00–17.00
www.bellas-vienna.at

Ein wunderschön renovierter Shop, strahlend hell: Jeannette Mang hat ihr Schuh-Business vom Internet in ein geschichtsträchtiges Haus (aus 1371) im 1. Bezirk verpflanzt. Bei Bellas gibt es nur wenige Schuh-Arten, diese aber in einer Unmenge verschiedener Farben und Kombinationen: Das Signature-Produkt sind Tassel-Loafer, für den Herbst warten aber auch farbenfrohe und klassische Chelseaboots auf die Damen. Ob Leopardenmuster, heftiges Pink oder bodenständige Erdtöne – für jeden Geschmack ist etwas dabei. Lieblingskombi derzeit: mokka/rosé. Alle Schuhe werden in einer kleinen Manufaktur in der Toskana von Hand produziert und sind immer nur limitiert verfügbar. Echt schön!

Mühlbauer

Hüte für Meryl Streep und Yoko Ono

Neubaugasse 34, 1070 Wien Mo–Fr: 10.00–18.30; Sa: 10.00–18.00
www.muehlbauer.at

Hut ab, wenn ein über hundert Jahre altes Traditionsunternehmen (gegründet 1903) es schafft, die Kurve von konservativ zu supercool zu kriegen. Auch der unglaublich schicke Mühlbauer-Store in der Neubaugasse ist ein Statement in diese Richtung: In der Auslage liegen Hüte mit Leopardenmuster, drinnen in hölzernen Hochregalen bunte, afrikanisch anmutende Kreationen. Daneben die derzeit gefragtesten Modelle der Hutmanufaktur: aus Papier gewebte Panama-Hüte, teilweise mit Farbe besprayt, das Hutband nur ein händisch aufgemalter Pinselstrich. Tragen übrigens auch Stars wie Meryl Streep. Lässig!

HÜTE, TASCHEN & SCHUHE

rosa mosa

Schuhe mit Charakter

Schleifmühlgasse 18, 1040 Wien · Mi–Fr: 12.00–18.00; Sa: 11.00–15.00
www.rosamosa.com

Das österreichisch-japanische Designerduo Simone Springer und Yuji Mizobuchi fertigt Schuhe weitab vom Mainstream. Gearbeitet wird mit unüblichen Stoffen und ungewöhnlichen Techniken. Konnte man die avantgardistischen Stücke früher nur direkt im Atelier erstehen, gibt es seit einiger Zeit ein eigenes Geschäft im Freihausviertel. Vor den gekalkten Backsteinwänden trifft nun altes Handwerk auf experimentelles Design – wie bei den Holzclogs mit knalligem Lammfell oder den plüschigen Sneakers. Da wird der Begriff „altmodisch" radikal neu definiert. Außerdem im Shop: Taschen, Geldbörsen und kleine Accessoires. Cool!

Kapten & Son

Accessoires im Großstadtdschungel

Neubaugasse 12, 1070 Wien Mo–Sa: 10.00–18.00
www.kapten-son.com

Vor einigen Jahren gründeten drei Münsteraner Studenten ein Start-Up, das sich heute ganz erwachsen „Accessoire-Label" nennt und ziemlich angesagt ist. Praktischerweise eröffneten Kapten & Son auch schon ihren ersten Store in Wien! Der ist im cleanen Skandinavien-Chic gehalten, was hervorragend zu den stylishen Rucksäcken passt, die es in Pastellfarben oder schwarz-grau-weiß gibt. Die fairen Preise zahlt frau für die feschen Uhren, Handgepäck-Koffer und Sonnenbrillen aus hochwertigen Materialien gerne. Must-Have: die Handyhüllen-Umhänge-Schnur und die Chest Bags aus veganem Leder. Feine Sache!

Schuhe für Frauen

Gut gehen, gut aussehen

Neubaugasse 44, 1070 Wien Mo–Fr: 10.00–18.30; Sa: 10.00–18.00
schuhefuerfrauen.at

Das ist es, was wir Frauen wollen: bequeme Schuhe, aber keine peinlichen Gesundheitstreter, sondern schicke Pumps und elegante Sandaletten. Die gibt's in großer Auswahl im Shop von Gertraud Buxhofer – sie führt nur Marken, die mit einem besonderen Augenmerk auf Tragekomfort in Europa produziert werden. Edle Stiefletten von Thierry Rabotin finden sich hier neben eleganten Schnürern von Arche aus Frankreich oder witzig gestrickten Schuhen von Arcopedico in leuchtenden Farben. Leichter und bequemer geht's echt nicht mehr! Und dazu findet frau passende Taschen und bunte Strümpfe, von denen schon mal Pudel grinsen ;-)

Anne Morel

Chices Schuhwerk aus Frankreich

Liechtensteinstraße 38, 1090 Wien
Mo: 13.00–18.00; Di–Fr: 10.00–18.00; Sa: 10.00–15.00 www.annemorel.at

Manchmal kann man die Pariserinnen schon beneiden. Wie immer die sich anziehen, sie sehen chic aus. Ein bisschen von diesem Pariser Flair hat Anne Morel nach Wien gebracht. Die gebürtige Französin, die von sich selbst behauptet, schon mit Schuhen auf die Welt gekommen zu sein, hat im neunten Bezirk ein Geschäft für französische Fußbekleidung eröffnet. High Heels findet frau hier eher keine, dafür hinreißendes Schuhwerk, in dem man gut gehen kann und trotzdem verdammt gut aussieht. Die mal eleganten, mal eher sportlichen Teile stammen alle von französischen Kult-Marken wie Palladium und Patagaus. Très charmant!

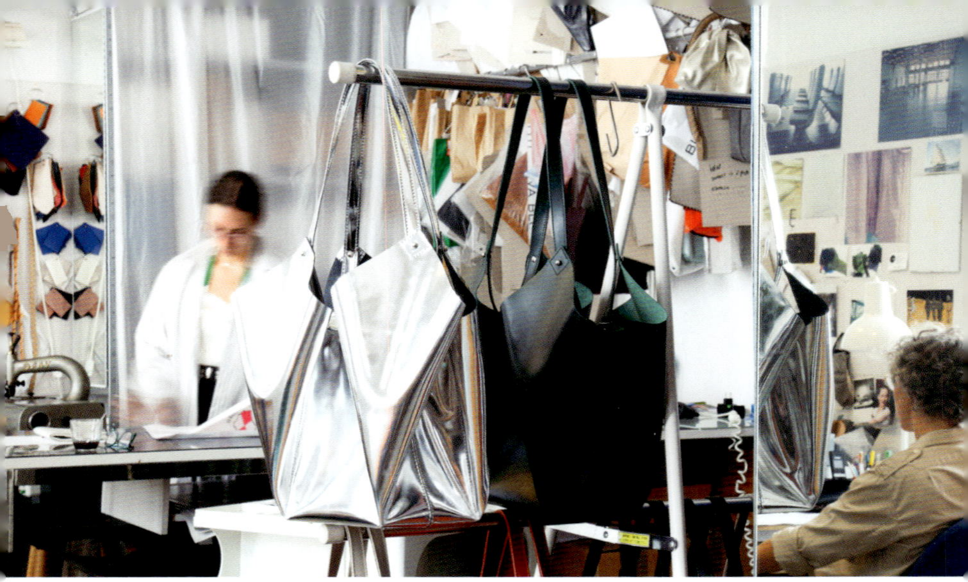

HÜTE, TASCHEN & SCHUHE

Eva Blut

Wandlungsfähige Taschen

Schottenfeldgasse 41-43/2/28a, 1070 Wien
Fr: 11.00–18.00; und nach Vereinbarung www.evablut.com

34 Eva Bluts lässige Taschen-Designs sind ja in London genauso begehrt wie in Japan, und auch uns Wienerinnen gefallen sie ausgesprochen gut. Die Entwürfe von Eva Blut alias Eva Buchberger sind ungewöhnlich und oft multifunktional, aber vor allem supertragbar. Sie schmiegen sich an den Körper, jeder Reißverschluss und jedes Fach sitzt an der richtigen Stelle und die Taschen sind überraschend leicht. Produziert wird in Europa, und da Nachhaltigkeit für die Designerin ein großes Thema ist, entstehen auch Kollektionen, für die die Reste vergangener Saisonen verwendet werden. Der Shop befindet sich im Atelier und hat deshalb nur eingeschränkte Öffnungszeiten.

Qwstion

Schweizer Taschen-Design

Zieglergasse 38, 1070 Wien Mo–Fr: 11.00–19.00; Sa: 11.00–18.00
www.qwstion.com

Ui, das ist groß! Der Shop des Schweizer Taschenlabels Qwstion kommt strahlend weiß und weitläufig daher. Natürlich werden hier vor allem die superpraktischen Taschen der Industriedesigner Christian Kaegi und Fabrice Aeberhard verkauft. Die Bags sind robust, wandelbar (Aktentasche wird ruckzuck zum Rucksack!) und überwiegend aus Biofasern hergestellt. Zum Beispiel aus Bananen! Passend zum reduzierten Design der Taschen werden aber auch angesagte Labels verkauft, die es sonst in Wien nicht oft gibt: Sonnenbrillen von Han Kjøbenhavn, Vasen von New Tendency, Parfum von Laboratoria Olfattivo. Lässig.

Wohnen & Design

WOHNEN & DESIGN

heimweh

Die schönen Dinge des Lebens

Wiedner Hauptstraße 81, 1050 Wien Mo–Fr: 10.30–18.30; Sa: 10.00–16.00
www.sonja-ladstätter-fussenegger.at

So ein schöner Store! Sonja Ladstätter hat ihren wunderbaren Wohlfühlshop rund ums Thema Wohnen groß erweitert und mit viel Gespür hergerichtet. Alter Terrazzoboden trifft auf rohe Ziegelwände und modernes Design. Und vor allem sind jetzt fast 300 qm Platz für die stylishen Textilien aus der Vorarlberger Manufaktur Fussenegger (auch günstige 2. Wahl-Kuscheldecken!) und die vielen anderen Home- und Küchen- und Herzerfreu-Dinge, die sie aus der ganzen Welt zusammenträgt: Bettüberwürfe, wild gemusterte China-Schalen, wunderhübsche Schachteln. Gefährlich für hemmungsloses Geldausgeben, aber netterweise gar nicht so teuer.

Coco Wasabi Superstore

Contemporary Pop Art im Atelier-Shop

Gumpendorferstraße 119, 1060 Wien Mo: 11.00–16.00; Di + Do: 12.00–18.00; Fr: 12.00–16.00; Sa: 11.00–15.00 www.cocowasabi.com

Coco Wasabi ist in Wien schon länger für ihre bunten, witzigen Collagen bekannt. Jetzt hat die junge Pop-Art-Künstlerin ihren eigenen Shop eröffnet. Auf Cocos alias Valentina Lasselsbergers gemütlicher Couch lässt es sich fabelhaft über Kunst plaudern oder ihr beim Werkeln zusehen. Natürlich kann man ihre Collagen – als Druck, klein und dreidimensional in einer Art Geschenk-Box oder groß als Wandgemälde – hier auch erstehen. Von ihr entworfene Masken und den „CultCaffé" aus der Rösterei ihrer Eltern gibt's auch. Und wen dann das Collage-Fieber packt, der kann im Workshop mit der Küstlerin collagieren lernen!

dasmöbel

Lust am Neuen

Gumpendorfer Straße 11, 1060 Wien Di–Fr: 11.00–18.30; Sa: 10.00–17.00
dasmoebel.at

Der helle, luftige Einrichtungsladen mit den meterhohen Rundbogenfenstern führt nur ungewöhnliche Designer-Stücke – dasmöbel setzt auf Hersteller und Designer, die nicht nur allesamt für interessante Geschichten stehen, sondern die ihre Produkte auch unter menschen- und umweltfreundlichen Standards produzieren. Der Fokus liegt dabei auf europäischen Möbeln – wie dem endlos erweiterbaren FNP-Bücherregal von Nils Holger Moormann oder den Sofas der jungen kroatischen Firma Prostoria. Die sehen nicht nur gut aus, sondern verbreiten auch jede Menge Wohlbefinden.

Habari

Der Ethno-Design-Store

Theobaldgasse 16, 1060 Wien
Mo–Do: 11.00–19.00; Fr: 10.00–19.00; Sa: 10.00–17.00 www.habari.at

Das Geschäft von Lore Sander ist eine Schatzkammer und egal wie oft man hingeht, man findet immer wieder Neues. Die wunderbaren Dinge kommen aus allen Ecken Afrikas, Japans und Europas: hochwertige Möbel, Keramik, Schmuck, Accessoires, Kunst und Geschirr können in unzähligen Räumen bestaunt und gekauft werden. Da finden sich Polster aus Lettland genauso wie Tonga Körbe. Das komplette Untergeschoss beherbergt eine riesige Auswahl an afrikanischen Stoffen und hinreißend bunten Waxprints. Und für die schönen Dinge aus Japan gibt es sogar einen brandneuen, eigenen Shop in der Neubaugasse 34.

Calienna

Inspirierendes Grün

Neubaugasse 68, 1070 Wien Mo–Fr: 11.00–19.00; Sa: 11.00–18.00
www.calienna.com

Über 100 Pflanzen hat die Besitzerin Miriam Cervantes bei sich zuhause stehen! Mit ihrem Designer-Ehemann und einem guten Gespür für Trends hat sie daher den ersten Wiener Concept Store für Pflanzen eröffnet. Schon bei der Tür wird man von einer schmucken Ficus Lyrata begrüßt, drinnen thronen dann Monsteras, Mini-Cacti und wild-gemusterte Pflanzen, die wegen ihrer besonderen Looks aber auch nicht ganz billig sind. Pastellige Terracotta-Töpfe, ungewöhnliche Seifen, Bücher über Natur, Mensch und Achtsamkeit und wirklich guten Kaffee gibt's hier auch. Welcome to the Jungle!

Sister*hood Vienna

Schönes von Frauenhand

Zollergasse 25, 1070 Wien Di–Fr: 11.00–19.00; Sa: 11.00–17.00
www.sisterhood-vienna.com

Augenschmaus: ein strahlend heller Shop angefüllt mit Home-Accessoires! Die Decken, Teppiche, Flechtwaren und Koch-Utensilien sind fairtrade und zum allergrößten Teil handgemacht von Frauen in Ländern, in denen Arbeit selten entsprechend entlohnt wird. Dem wollen die beiden Schwestern Veronika und Magdalena Kupfersberger entgegenwirken – weltweites Sisterhood quasi. Die Globetrotterinnen kennen die meisten ihrer Produzentinnen persönlich, schließlich sind sie regelmäßig in Afrika und Asien unterwegs. Daneben ist der Design-Shop auch Treffpunkt: für Yoga, Frauenkreise & Co.

TATAMI
MATTEN

SHOJI
SCHIEBE-
WÄNDE

NATURBETTEN

NATURMATRATZEN &
LATTENROSTE

La Maison d'Elisa

Lifestyle aus Frankreich

Siebensterngasse 23, 1070 Wien Di–Fr: 10.30–18.30; Sa: 10.00–17.00
www.maison-elisa.at

Französischer Landhausstil! In seinem romantisch angehauchten Laden versammelt Sylvain Berry ausschließlich Schönes und Originelles aus seiner Heimat, der Provence. Die typisch französischen Wohn- und Geschenksideen reichen von schmiedeeisernen Topf-Untersetzern bis zu weiß gekalkten Kleinmöbeln, Seifen und Cremen der „Savonnerie des Bormes" (mit originellen Zutaten wie Tomatenblättern und Karotten) oder den landestypisch geflochtenen Einkaufskörben. Eine wunderbare Fundgrube, in der man für jeden Geschmack das Passende findet – und das zu recht angenehmen Preisen!

WOHNEN & DESIGN

Die Sellerie

Kleiner Store mit großem Anspruch

Burggasse 21, 1070 Wien Fr: 11.00–19.00; Sa: 11.00–17.00
www.diesellerie.com

Ach wie schön! Zwei Graphiker/Designer haben mit Die Sellerie einen Shop zum Schwärmen geschaffen! So ungewöhnlich wie der Name ist auch das Angebot des liebevoll gestalteten Ladens: Schlüsselanhänger aus der Werkstätte Carl Auböck, gestrickte Tagesdecken, Teppiche des portugiesischen Labels GUR aus recycelten Materialien, freche Postkarten, Drucke und Stylishes für den Urban Jungle. Die sorgfältig kuratierten Home Accessoires und Papiersachen stammen von ausgesuchten KünstlerInnen oder Firmen, viele Artikel wurden selbst entworfen. Aber Achtung: Einkaufen kann man nur am Freitag und Samstag.

Hobby Mobila Vienna

Die neuesten Lifestyle-Trends

Neubaugasse 80, 1070 Wien   Di–Fr: 11.00–19.00; Sa: 10.30–17.00
www.hobbymobila.at

Ihr Sofa, das allen Gästen ein Wow entlockte, brachte Iulia Muntean auf die Idee, einen Concept Store zu eröffnen. Bei Hobby Mobila Vienna präsentiert sie Interior Design aus Rumänien von (noch) unbekannten Marken und KünstlerInnen: Die schlichten Samtsofas von Mobiladalin strahlen regelrecht in Smaragdgrün und die Bucovina-Linie greift Folklore-Blumenstickereien auf. Bei Mindthegap werden auf Tapeten Malereien und Ornamente aus Transsilvanien zum Leben erwecken. Voll im Trend ist auch der handgemachte Keramikschmuck von Gruni. Echte Designstücke!

esca

Füchse, Orcas und Rotkäppchen

Lange Gasse 19, 1080 Wien Mi–Fr: 12.00–19.00; und nach Vereinbarung
www.esca.at

Manchmal entstehen die besten Sachen wie nebenher. Die Geschwister Esca betreiben eigentlich ein Grafik-Büro in der Lange Gasse. Nebenbei verkauften sie selbst gestaltete T-Shirts auf Weihnachtsmärkten – und das so erfolgreich, dass daraus ein eigenes Geschäft wurde. Mittlerweile bedrucken sie nicht nur (fair produzierte) Shirts, Jacken, Pullis und Tischsets mit ihren hinreißend designten Motiven, sondern bieten diese auch auf Geschirr, Wand-Tattoos, Schmuck und Emaille Pins an: Füchse, Orcas, Fische und Co. werden direkt vor Ort aufgedruckt. Auf Anfrage sind auch Sonderanfertigungen möglich.

Zweigstelle Atelier

Außergewöhnlich blumig

Porzellangasse 4, 1090 Wien Mo–Fr: 09.00–18.00
www.zweigstelle.com

Eintauchen in ein Meer aus Schnittblumen: Die Zweigstelle ist einer der ungewöhnlichsten und schönsten Blumen-Shops der Stadt. Die Truppe um Andreas Bamesberger ist bekannt für ihre auffällige Blumen-Deko in Wiener Hotels und bei großen Events, im lichtdurchfluteten Atelier kann aber jedermann/frau einkaufen. Dabei werden fast nur Schnittblumen aus der Umgebung Wiens angeboten, nur im Winter wird aus Italien und Holland zugekauft. Zu den unzähligen Blumensorten findet man immer die passenden Vasen und schicke Accessoires – und dazu eine enorme Auswahl an Duftkerzen von Cire Trudon, der ältesten Kerzenmanufaktur der Welt.

WOHNEN & DESIGN

Mary the Fairy

Lieblingsstücke für daheim

Schönbrunner Straße 282, 1120 Wien Mo–Fr: 13.00–18.00
www.marythefairy.at

Erst war es nur ein Online-Shop, dann wurde ein Geschäft in Graz daraus und schließlich ein Pop up-Store in Wien. Letztendlich aber hat sich Mary the Fairy mit ihren Lieblingsstücken fix nahe Schönbrunn niedergelassen. Freu! Denn die überwiegend skandinavischen Wohn-Accessoires, die die geschmackssichere Wohnfee Sonja Ruiter-Kassin dort führt, sind schlicht zauberhaft. Allein wegen des dänischen Labels Madam Stoltz lohnt es sich, hinzuschauen: handgewebte Teppiche, Bambuslampen und dekorative Wandaufhänger im Boho-Look. Wie war das mit der Fee und den drei Wünschen?

Wyt

Design aus dem Norden

Währingerstraße 123, 1180 Wien Mo–Fr: 10.00–18.00; Sa: 10.00–13.00
www.wyt.at

Wyt ist Friesisch und heißt „weiß". Und jetzt weiß man auch schon, was einen in dem charmanten, weißen Laden mit der alten, knarrenden Holzstiege erwartet: skandinavisches Design. Mit viel Herz ausgewählt sind die hübschen Wohnaccessoires im ersten eigenen Store von Interior-Designerin Ulrike Kopp. Auf hundert Quadratmetern ist nicht viel Platz für große Möbel, aber genug für zartes Porzellan, superweiche Leder-Necessaires, schlichte Tagesdecken, witzige Holzschemel, handgeknüpfte Teppiche, Polster und Körbe. Alles in Naturtönen gehalten, puristisch und schlicht schön!

Papeterie

Herzilein Papeterie

Aus Liebe zum Papier

Wollzeile 18 + Am Hof 5, 1010 Wien   Mo–Sa: 10.00–18.00
www.herzilein-wien.at

Wenn diese Frau was in die Hand nimmt, wird's immer was Besonderes. Erst gründete Sonja Völker das entzückende Kinder-Label Herzilein, dann eröffnete sie mehrere Modeshops – und schließlich legte sie mit zwei feinen Papeterien nach! Sie trotzt Smartphones, Facebook und Computer und setzt auf die Schönheit der Handschrift: Kupferdruck-Einladungskarten, mit nostalgischen Fotos bezogene Notizbücher und Geschenkpapier. Wer will, kann sich Karten sogar von einem Kalligraphen mit Hand schreiben lassen. Und wer selbst kreativ werden will: Es gibt auch alte Buchseiten aus den Jahren von 1890 bis 1920 für Scrapbooking oder Collagen.

PAPETERIE

Handdruck

Kunstfertig und handgemacht

Burggasse 51, 1070 Wien   Di–Fr: 13.00–18.00
www.handdruck.com

Ui, beim Eintreten dröhnen erstmal die Monophonics ihre Psychedelic-Soul-Oper. Der Herr des Ladens, Martin Novak, ist derweil hinten beim Siebdrucken. Bis an die Decke hängen seine Drucke, die als Vorlage meist Holzstiche aus alten Lehrbüchern und Lexika haben. Botanische Motive und viel Tierisches gibt's da in allen Farben – auch eine Serie bedrohter Tierarten von Koala bis Mandrill, deren Erlös dem Klimaschutz gespendet wird. Die nostalgischen (und gerade sehr angesagten) Motive finden sich auf Kunstdrucken, Postkarten und Visitenkarten. Aber auch T-Shirts, Notizbücher und Taschen bedruckt der Meister persönlich.

Opus

Schachteln nach Maß

Leithastraße 21, 1200 Wien Mo–Fr: 10-00–18.00
www.werkstaette-opus.at

56

Über die Arbeit in einer Papierwerkstätte zurück ins Berufsleben: Opus ist eine Rehabilitations-Einrichtung für Menschen, die an Psychosen leiden. Hergestellt werden hauptsächlich Schachteln in allen erdenklichen Variationen und Größen, vom Visitkarten-Halter über Mini-Kommoden bis zum Schuber für Bücherregale. Gekauft werden können die ausnehmend hübschen, papierenen Produkte im Shop im 20. Bezirk oder online – oder man lässt sich seine Wunsch-Aufbewahrung gleich nach Maß anfertigen. Zur Wahl stehen unzählige schöne Muster und Formen. Und die Preise sind sympathisch moderat.

Maisonette

PAPETERIE

Motto: Women support women

Gumpendorfer Straße 66, 1060 Wien
Mi, Fr: 10.00–18.00; Do: 10.00–19.00; Sa: 10.00–16.00 www.maisonette.shop

Das Ziel von Andrea Lems: mit ihrem sympathischen Concept Store vor allem kleine und von Frauen gegründete Marken nach Wien holen. Für ihren feinen, reduziert gestalteten Shop sucht sie alles selbst aus: Papierwaren vom dänischen Label Kartotek, Sticker-Bögen der französischen Designerin Claire Leinan und Büchlein mit tropischen Palmen und schicker Goldprägung von All the ways to say. Zwischen den hübschen Dingen stehen die nachhaltigen (auch veganen) Ledertaschen ihres eigenen Labels NEAT. Und auch zarten Armschmuck stellt sie selbst her – per Hand mit Perlen, Rosenquarz und Halbedelsteinen bestückt.

sous-bois

Design-Schreibwaren aus aller Welt

Neustiftgasse 33, 1070 Wien Mo–Sa: 11.00–18.00
www.sous-bois.at

Allen Smartphones, Computern und Facebook zum Trotz: Es gibt noch Menschen, die tippen nicht nur, die schreiben auch. Und denen zeigt die französische Grafikerin Chloé Thomas im sous-bois, wie hip Schreibwaren sein können. Im Angebot hat sie Papier, Notizblöcke, Reise-Tagebücher, Kugelschreiber und Accessoires rund ums Büro, die von angesagten Designern aus aller Welt stammen. Etwa von den japanischen Künstlern Midori und Katsumi Komagata oder dem dänischen Interieur-Label Hay. Ein Design-Leckerbissen ist übrigens auch der kleine Shop selbst: bunt, verspielt und gemütlich mit viel Holz eingerichtet. Und gleich nebenan befindet sich das dazugehörige Café!

Paperbird

Minimalistische Papierwaren

PAPETERIE

Marc Aurel Straße 2B, 1010 Wien · Di–Fr: 10.00–18.00; Sa: 10.00–16.00
www.paperbird-papeterie.at

Teresa Scheicher hat in Berlin Design studiert, liebt Papier und muss – wie sie sagt – „immer irgendwas mit ihren Händen tun". Ein eigener Laden ging ihr so lange im Kopf herum, bis ihr Traum mit der eigenen Paperbird-Papeterie fliegen lernte. Nun residiert sie in der Innenstadt. Von der Decke des hellen und auffallend reduziert möblierten Shops schweben hunderte selbst gefaltete Papierkraniche, darunter ruht alles, was Paper-lovers lieben: hübsche Geschenkpapiere, Grußkarten, Origamipapier, Note Pads und edle Schreibutensilien vom Gold-Lineal bis zum Füller – alles mit viel Stil ausgesucht. Wunderschön!

KLASSIKER STECKEN TRENDS IN DIE TASCHE

Design aus Wien, Leder aus Italien: Das Understatement der hochwertigen Ledertaschen von Eva Blut überzeugt durch Stil und wandelbare Funktionalität. Ästhetisch anspruchsvoll, vielseitig und leicht, gehen die Taschen mit modernen Bedürfnissen mit.

SHOPPER VON EVA BLUT

EVA BLUT
KÜHFUSSGASSE 2 /
A-1010 WIEN /
WWW.EVABLUT.COM

WWW.WIENPRODUCTS.AT /
Wien Products ist ein Projekt der Wirtschaftskammer Wien.

Vintage

Catrinette

Vintage für alle Lebenslagen

Porzellangasse 28, 1090 Wien Di–Fr: 11.00–19.00; Sa: 10.00–15.00
catrinette.at

Kunsthistorikerin Katharina Marchgraber ist süchtig: nach Vintage-Teilen mit Charakter, die sie auf Wiener Dachböden, in Paris, New York oder Berlin aufstöbert. Die gesammelten Funde trägt sie in einem stilgerechten Altbau-Laden zusammen: Opulente Luster gesellen sich zu Retro-Mode, Nippes zu goldenen Handtaschen, Möbeln und Bildern. In charmanter Wohnzimmer-Atmosphäre findet man auf über 100 Quadratmetern vergangene Schätze vom Low-Budget Mitbringsel bis zum chicen Einrichtungsgegenstand. Und das Flanieren über die alten Holzböden fühlt sich – ganz sentimental – ein bisserl wie eine Zeitreise an.

Lilo's

Buntes Alltagsdesign

Absberggasse 27/EG, 1100 Wien Di–Fr: 11.00–18.00; Sa: 10.00–15.00
www.lichterloh.com

„Schau, das hatte die Oma im Wohnzimmer stehen!", hören die Damen im Lilo's ziemlich oft – kein Wunder, finden sich hier doch nur Vintage-Möbel und freche Alltags-Objekte des vorigen Jahrhunderts versammelt. Lilo's sieht sich als die kleine, grungy Schwester von lichterloh, dem Designtempel mit Möbeln des 20. Jahrhunderts. Der Unterschied? Die Preise! Wem der Originalcharme eines Möbels wichtig ist, wird in den hellen Räumlichkeiten bestimmt fündig. Die große Auswahl reicht von Sesseln bis zu Alltags-Kram, vom italienischen Kult-Schreibtisch bis zum riesigen Wiener Städtischen Uhrenblatt. Villa Kunterbunt!

48er Tandler

Zweite Chance für schöne Altwaren

Siebenbrunnenfeldgasse 3, 1050 Wien   Mi–Sa: 10.00–18.00
w48ertandler.wien.gv.at

Kreativ sind sie ja, die 48er, das sieht man schon an den witzigen Sprüchen auf den Wiener Müllautos. Der lässigste Coup des Magistrats für Abfallwirtschaft aber ist ein riesiger Vintage-Markt, der 48er Tandler. In einer 900 Quadratmeter großen Halle wird nun alles verkauft, was zu schön für den Mist ist – Sammlerstücke, Kurioses und Praktisches. Die Sachen wurden entweder als schöne Altwaren auf Mistplätzen abgegeben, sind nicht abgeholte Fundgegenstände oder ausrangierte Möbel der Stadt Wien. Die Auswahl ist echt groß – vom Oma-Geschirr bis zum Radio. Nur schade, dass die witzige Deko (Bücherstöße als Hocker) nicht verkauft wird!

Fräulein Kleidsam

Design-Klassiker aufgepeppt

Gumpendorfer Straße 10–12, 1060 Wien Di–Fr: 11.00–18.00; Sa: 12.00–17.00
fraeulein-kleidsam.at

Ursula Wagner hat ein Auge für's Besondere. Für die Einrichtung ihres Ladens auf der Gumpendorfer Straße hat sie traumhaft schöne Jugendstilfliesen besorgt, ebenso eine alte Wendeltreppe und prunkige Theater-Stühle. In guter Nachbarschaft zu Phil & Co verkauft die Vintage-Loverin textile Fundstücke aus den 20ies bis 80ies, aber auch exklusive und aufwändig restaurierte Designer-Mode. Schon die gekonnt gestylten Kleiderpuppen regen zum Kombinieren an: Goldene 80er-Stiefeletten treffen auf schrillen 70er-Rock, ein zartes Prada-Blüschen und einen Miu Miu-Pulli. Wer wagt, gewinnt ;)

Die Wohnung

Retro-Interieur mit Flair

Schönbrunner Straße 100, 1050 Wien Di–Fr: 14.00–18.00; Sa: 11.00–16.00
www.diewohnung.wien

Midcentury-LiebhaberInnen werden entzückt sein! Die Vintage-Boutique Die Wohnung restauriert und verkauft alte Möbelstücke, vom goldenen Barwagen bis zum wild gemusterten Fauteuil. Besitzerin Vanessa Vehovec sucht alles liebevoll selbst aus. Sie ist schon länger im Geschäft, zog aber erst kürzlich mit Sack und Pack in den 5. Bezirk. Ihre Vintage-Schätze stammen oft aus den 1950ern und 1960ern, aber auch formvollendete Holzstühle aus der Jahrhundertwende und knallbunte 70er-Jahre-Lampen lassen sich hier finden. Schnäppchen sind das eher nicht, dafür ausgesucht Stylishes fürs schöner Wohnen.

Irenaeus Kraus

Vintage für die Wand

Burggasse 28, 1070 Wien Di–Fr: 11.00–19.00; Sa: 11.00–16.00
irenaeuskraus.com

Was für ein nostalgischer Ort! Wer die Schwelle zu diesem kleinen Shop überschreitet, wird durch die Jahrzehnte gebeamt. Christoph Resinger, der sich hinter dem Pseudonym Irenaeus Kraus tarnt, hortet da Vintage-Schätze für die Wand: alte Werbeplakate und Lehrtafeln, Schul- und Landkarten. Der Sammler nennt sie Ephemera, also „Dinge für einen Tag“, dabei haben die gut erhaltenen Papier-Drucke schon viele Jahrzehnte auf dem Buckel: das Meinl-Plakat, die Landkarte Afrikas, der Kofferkleber aus Nizza. Einiges gibt’s schon ab 10 €, für rare Retro-Zuckerl muss man dann aber tiefer in die Tasche greifen.

Jede Idee braucht ihren Ort

1989 eröffnet, ist der Weltladen in der Lerchenfelderstraße aus der Josefstadt nicht mehr wegzudenken.

Gemeinsam mit der EZA Fairer Handel sind Weltläden die Pioniere des Fairen Handels. Ihr Engagement hat maßgeblich dazu beigetragen, dass der Faire Handel im Bewusstsein von Politik und Wirtschaft nicht mehr wegzudenken ist und dass diese Idee so viele Menschen erreichen konnte.

Der Weltladen beweist aber auch, dass ein professionell geführtes Fachgeschäft für Fairen Handel inmitten einer sich stark wandelnden Geschäftswelt Bestand hat. Die Produkte aus Fairem Handel - Lebensmittel, Kunsthandwerk, Modeaccessoires, Fair Fashion und Bio-Kosmetik – erzählen Geschichten über die Menschen, die sie herstellen. Sie stehen aber auch für menschenwürdige Arbeitsbedingungen und höchste Qualität, Genuss und Schönheit.

Mit Ihrem Einkauf stärken Sie unsere PartnerInnen im Globalen Süden. Für sie ist der Faire Handel eine wichtige Säule ihrer Existenz. So wird der Weltladen in Lerchenfelderstraße zur Brücke zwischen den Lebenswelten von KonsumentInnen und ProduzentInnen.

Auch ein Webshop ist unter www. shop.eza.cc zu finden.

Weltladen Josefstadt, Lerchenfelderstraße 18-24
T: +43 1 4083996, M: weltladen.1080wien@eza.cc
Öffnungszeiten: Mo–Fr 10.00–18.30, Sa 10.00–15.00 Uhr

WELT LADEN
GERECHT HANDELN – SINNVOLL KAUFEN.

Wolfmich

Vintage für Mutige

Gumpendorfer Straße 51, 1060 Wien Mo–Fr: 11.00–19.00; Sa: 11:00–18:00
www.wolfmich.com

Hier etwas zu finden, das einen nicht mit grellen Farben laut anschreit und mit wilden Mustern ins Aug hupft, ist fast unmöglich. Und das ist ja auch Zweck der Übung: Im Second Hand-Store von Stylist Wolfgang Lindenhofer und Schauspieler Michael Pascher sind zwei zugange, die ein Händchen für extravagante Stücke ab den 1980er Jahren haben. Wer sich was traut, wird hier garantiert fündig. Sei es mit einer goldenen Lurex-Rüschenbluse von Adlmüller, einer schräg-bunten Samt-Hose von Versace oder einem poppigen Moschino-Jäckchen. Auch die Strick-Pullis sind richtig schön ugly. Hip!

Frl. Else Vintage

Im Vintage-Stil neu genäht

Gentzgasse 29, 1180 Wien Di–Fr: 12.00–18.00; Sa: 10.00–14.00
www.frl-else-vintage.at

Die Mode vergangener Zeiten hatte es der Juristin Cora Zimbrich schon immer angetan. 2017 gründete sie schließlich ein Vintage Label für Frauen. Im schmucken Laden „Frl. Else Vintage“ können ihre aparten Eigen-Kreationen im Stil der 1920er bis 1960er Jahre jetzt auch geshoppt werden. Und das nicht nur zu verträglichen Preisen, sondern auch perfekt auf den Leib geschneidert. Jedes Teil, ob Kleid, Rock, Hose oder Oberteil, ist auf Wunsch in den Größen 38 bis 50 erhältlich oder kann umgeändert werden – das angeschlossene Atelier macht es möglich. Inspiration gibt’s in Form alter Modehefte und Schnittmuster reichlich!

Dekorative

Altwaren mit Charme

vis-a-vis Arndtstraße 30, 1120 Wien Di, Do, Fr: 15.00–18.00; Sa: 10.00–14.00
www.dekorative.at

Ihre Sammelwut einerseits und seine Flohmarkt-Bummel mit der Mama andererseits kommen im geräumigen Vintage-Shop „Dekorative“ zusammen: Als Pärchen arbeiten Kunsthistorikerin Angelika Nemeth und Mark Graninger vor allem Möbel der 1950er bis 1970er Jahren auf – gesammelt werden Antiquitäten mit witzigem Wiedererkennungswert. Zwischen Sideboards aus Mahagoni, Lampen von Louis Poulsen und Palisander-Tischen schlängelt man sich zum fast lebensgroßen Porzellan-Gockel, alten Koffern, skandinavischem Sixties-Interieur und charmanten Nippes. Das hier ist eindeutig ein Shop für Schatzsucherinnen!

Burggasse 24

Schatzsuche für Retro-Fans

Burggasse 24, 1070 Wien Mo–Fr: 11.00–19.00; Sa: 11.00–18.00
www.burggasse24.com

Ein ungewöhnlich hipper Secondhand-Shop, den ein junges Wiener Trio da eröffnet hat. Allein schon das Geschäft ist beeindruckend: die Decken meterhoch, die Räume riesig. Schön bunt nach Farben sortiert schlängelt sich die Fashion durch die Räume: die ehemaligen Lieblingsteile aus privaten Garderoben, die sorgfältig ausgesuchte Flohmarktware, die nostalgischen Accessoires. Kurz: ein Vintage-Laden mit auffallend viel Chic! Vor allem, da man immer wieder auch Designer-Stücke – etwa von Jean-Paul Gaultier oder Jil Sander – hier findet. Und weil shoppen müde macht, kann man sich im angeschlossenen Café (mit Wohnzimmeratmosphäre) fesch stärken.

Felicitas – Home Stories

Mix aus Vintage und neuem Design

Neubaugasse 76 , 1070 Wien Mo–Fr: 10.30–18.00; Sa: 10.30–14.00
www.felicitas-home.at

Der Einrichtungsstil der 1950er und 60er ist ja schon eine ganze Weile richtig hip – und die Fundstücke aus dieser Zeit sind mancherorts ziemlich überteuert. Nicht so im kleinen, eleganten Store von Cornelia Felicitas Eccli, in dem die möbelnarrische Inhaberin geschickt originale Objekte mit neuem Design kombiniert. Coole Vintage-Holz-Hocker mit pastellfarbener Sitzfläche von Franz Schuster, „neue" 50ies-Tabletts mit Goldrand aus London und viele bunte Gläser und Vasen, bei denen kein Laie auf den ersten Blick erkennt, ob's Originale sind. Spielt auch nicht wirklich eine Rolle, denn die Qualität passt – und die Preise auch!

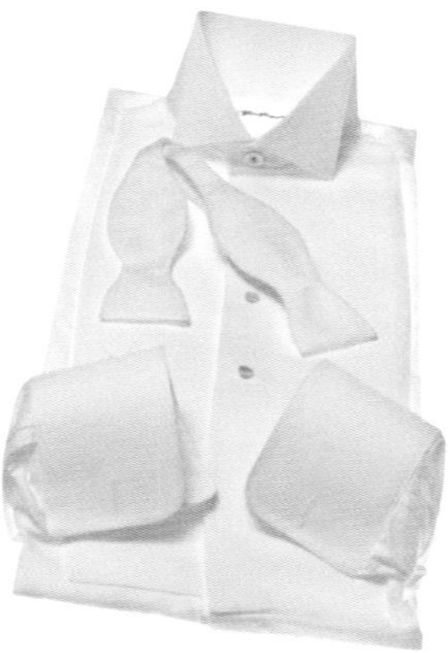

Beauty & Kosmetik

Herbarium Officinale

Mit der Heilkraft der Pflanzen

Hoher Markt 5, 1010 Wien Mo–Fr: 10.00–19.00; Sa: 10.00–18.00
herbarium-officinale.com

Elegant, modern und einladend: Alle I-Tüpfelchen in Sachen Beauty, Gesundheit, Entspannung und Libido findet man im Herbarium Officinale, der ungewöhnlichen Kräuter-Zentrale am Hohen Markt. Die Kräuterfeen, die hier herumschwirren, beraten ausführlich und frau kann von hausgemachten Heilkräuter-Teemischungen über Haar-Tonikum und Deo Creme bis zu Yoni-Öl gegen jedes Wehwehchen die passende (Kräuter-) Lösung finden. Im chicen Bar-Bereich werden dazu Kraft-Snacks angeboten: selbstgebraute Cola, Energie-Schoko-Balls oder eine basische Immun-Suppe. Das Motto: rundum wohlfühlen!

BEAUTY KOSMETIK

Aesop

Moderne Technologie, altes Wissen

Bauernmarkt 2A, 1010 Wien Mo–Fr: 10.00–18.30; Sa: 10.00–18:00
www.aesop.com

2004 empfing Aesop in einem Kellerwinkel im Melbourner Strandviertel St. Kilda seine ersten Kunden. Mittlerweile ist die australische Kult-Kosmetikmarke auch in Österreich vertreten! Und das, recht stilvoll, im 20er Jahre Art-Deko-Ambiente mitten im Ersten. Herzstück des kleinen Ladens: der Riesenwaschtisch, auf dem sich die kostbaren Haut-, Haar- und Körperpflege-Produkte einladend aneinanderreihen. Einfach reingehen und Tiegel greifen spielt's eher weniger, vielmehr wird jede Kundin bei Handkonsultation und Tee individuell eingeseift, testgecremt und beraten. Es gibt viel fürs Gesicht (Cremes, Serum, Toner), aber auch Parfums, Shampoos und Geschenk-Sets.

Karin van Vliet

Für die schöne Wienerin

Lugeck 1–2, 1010 Wien Mo–Fr: 10.00–19.00; Sa: 10.00–18:00
www.makeup-studio.com

Die gefragte Make-up-Artistin Karin van Vliet hat auch schon Stars wie Andie McDowell verschönert. Nach ihrem ersten Beauty-Store in der Köllnerhofgasse hat die Meister-Visagistin einen großen, verspielt gestalteten Flagship-Store am Lugeck eröffnet. Dort kann frau sich professionell schminken lassen, an Styling-Workshops teilnehmen und jede Menge Make-up-Produkte kaufen. Ein wirklicher Tipp sind auch die entzückenden Kleider im 50ies-Style, die hier in fröhlichen Mustern auf den Kleiderstangen hängen (und nicht viel kosten!). Dazu Petticoats und lustig bunte Kosmetiktäschchen!

Staudigl Naturparfümerie

Pioniere der Naturkosmetik

Wollzeile 4, 1010 Wien Mo–Fr: 09.30–18.30; Sa: 09.30–17:00
www.staudigl.at

Die Staudigls übernahmen 1979 zwei kleine Drogerien in der Wollzeile. Eine wurde zum Reformhaus, eine zur Naturparfümerie – was damals noch revolutionär war! Mittlerweile wurde umgebaut und erweitert, der schicke Beauty-Tempel glänzt mit einer riesigen Auswahl an Top-Naturkosmetik-Brands vom Weinblüten-Reinigungsschaum von Caudalie bis zum giftfreien „Nailberry"-Nagellack. Auch nett: Im rosa „Frauenzimmer" im hinteren Teil warten Schminktische zum Produkte-Probieren und Probe-Bemalen. Oder frau gönnt sich ein „Skin-Work-Out", das sich wie eine Speedboot-Fahrt übers Meer anfühlt. Verführerisch!

Kiehl's

Von der Lower East Side nach Wien

Tuchlauben 23, 1010 Wien Mo–Fr: 10.00–18.30; Sa: 10.00–17:00

www.kiehls.at

Was man früher mühsam in New York besorgen (oder von zwangsverpflichteten Freundinnen mitbringen lassen) musste, gibt es mittlerweile auch in Wien. Die amerikanische Kult-Kosmetikmarke Kiehl's hat sich an der Tuchlauben niedergelassen. 1851 wurde das Unternehmen in einer Apotheke gegründet, seit Jahren ist das amerikanische Stammhaus der Lieblings-Shop von Madonna und Uma Thurman. Wie in NY gibt sich auch der Wiener Shop wunderbar relaxed und „nicht-designed" und die Produkte – von raffinierten Gesichts-Cremes bis zum Haar-Shampoo – glänzen in puristischer Optik. Für Einsteigerinnen zu empfehlen: Lip Balm #1, die vielleicht beste Lippen-Pflege der Welt.

Kussmund

Raritäten für Beautyqueens

Habsburgergasse 14, 1010 Wien Mo–Sa: 10.00–18.00
www.kussmund.wien

Ein süßer Traum aus Puderquasten, exklusiven Cremen, Lippenstiften und einer ausgesucht erlesenen Parfumsammlung ereilt Schönheits-Miezen bei Kussmund. Auf luftigen 70 qm gibt's in der hübschen Boutique nur Ungewöhnliches von über 60 Klein- und Kleinsterzeugern aus der ganzen Welt – Nischenmarken, die man oft nur hier findet. Darunter: Dekoratives und Pflegendes von Kopf bis Fuß, nette Präsente und wunderbare Düfte. Für Orientierung im Schönheitsdschungel sorgen die Damen und Herren vom Fach – ausnehmend kompetent und sympathisch! Absolute Highlights: Parfums von Santa Maria Novella aus Florenz und Herrenkosmetik von Ebenholz.

Nachhaltiges Leben

NACHHALTIGES LEBEN

Sonnengrün

Plastikfreie Drogeriewaren

Hollandstraße 12, 1020 Wien Mo–Fr: 10.00–18.00; Sa: 10.00–14.00
www.sonnengruen.com

Plastik ist böse – gerade im Badezimmer steht meist Plastikflasche an Plastiktiegel, zudem enthalten einige Kosmetika sogar Mikroplastik. Um diesem Wahnsinn entgegen zu wirken, setzt Elisabeth Sonnleithner in ihrem Shop auf plastikfreie Natur- und Bio-Kosmetik sowie Haushaltsartikel – sowohl was die Verpackungen angeht, als auch den Inhalt. Shampoo ist hier fest und seifenähnlich, die Deos cremig und in hübschen Dosen, Allzweckreiniger wird vor Ort in Bioplastik-Flascherln aus Maistärke abgezapft und die Küchenrolle ist aus waschbarem Bambus. Gute Umdenk-Inspiration und feine Produkte!

Lunzers Maß-Greißlerei

Das Ende des Verpackungsmülls

Heinestraße 35, 1020 Wien Mo–Fr: 09.00–19.00; Sa: 09.00–17.00
www.mass-greisslerei.at

Tante Emma-Laden reloaded! Andrea Lunzer brachte 2014 mit ihrer Maß-Greißlerei ein großartiges Konzept nach Österreich. Dem Verpackungswahn wird hier abgeschworen, die Lebensmittel stehen unverpackt im hübschen Laden: der Honig im Container, Süßkartoffeln im Sack und Mehl, Nudeln und Gewürze in Gläsern. Dazu Käse, Obst und Öle. Alles bio versteht sich! Man bringt sein eigenes Geschirr mit und lässt genau die Menge abwiegen, die man will. (Zur Not gibt's Papiersackerl vor Ort.) Praktisch ist auch der Pack-Service: Einfach Einkaufsliste in der Früh abgeben und nach der Arbeit fix fertig abholen.

NACHHALTIGES LEBEN

Reanimated Bikes

Nachhaltigkeit auf der Straße

Westbahnstraße 35, 1070 Wien   Mo–Fr: 10.00–18.00
reanimated-bikes.com

Unmengen von Fahrrädern werden jedes Jahr auf Wiens Straßen oder in aufgelassenen Kellern zurückgelassen. Diese „Fahrradleichen" werden regelmäßig von der Stadt eingesammelt und verschrottet. Reanimated Bikes rettet davon brauchbare Fahrradteile und baut daraus neue Stadträder. Die Drahtesel kommen zwar im Vintage-Look daher, sind aber so gut in Schuss wie Neuräder – und werden mit größerem Vorderreifen gebaut, damit man aufrecht sitzt, Handgelenke und Schultern entlastet und im Stadtgewusel einen besseren Überblick hat. Kaufen, anpassen und auch reparieren – geht alles im Shop in Neubau.

gabarage

Upcycling mit sozialem Hintergrund

Schleifmühlgasse 6, 1040 Wien Di–Fr: 10.00–18.00; Sa: 10.00–16.00
www.gabarage.at

2002 erfand Gabriele Gottwald-Nathaniel, die Verwaltungs-Chefin der Anton Proksch Suchtklinik, das Projekt gabarage. Seither produzieren ehemalige Drogensüchtige, die damit wieder in den Arbeitsmarkt zurückfinden, originelle Design-Objekte aus „Müll" – die Entwürfe bestehen ausschließlich aus scheinbar unbrauchbar gewordenen Materialien. Verkauft werden die Lampen, Taschen, Stühle, Schmuckstücke und Hocker im großen, loftartigen Shop in der Schleifmühlgasse – und zwar zu höchst erfreulichen Preisen. Die trendigen Kreationen wie die gaba_bags oder Vasen aus alten Kegeln haben unter Wien-Insidern längst Kult-Status.

NACHHALTIGES LEBEN

Now Wow

Für ein Leben ohne Plastik

Zollergasse 25/4, 1070 Wien Di–Fr: 10.00–18.00; Sa: 11.00–15.00
www.nowwow.shop

Schluss mit mühsamer Herumsucherei! Ein plastikfreies Leben, ohne auf etwas verzichten zu müssen, ist mit der nachhaltigen Drogerie „Now Wow“ um so vieles einfacher. Ob recycelte Müllbeutel, Bio-Glitzer oder Lippenstifte, von denen am Ende statt einer Plastikhülle nur ein Fitzelchen Papier übrigbleibt: Ist alles von den zwei Gründerinnen recherchiert und selbst durchgetestet worden. Der strahlend helle Shop ist aufs Wesentliche reduziert, in Holzregalen reihen sich verpackungsarme Produkte für Wohnen, Haushalt, Reisen, Putzen und Kosmetik aneinander – von der Zahnbürste bis zum Staubwedel. Pflegt Mensch und Umwelt.

Refished

Upcyclen statt wegwerfen

Sechsschimmelgasse 20, 1090 Wien
Di + Do: 13.00–18.00; oder nach Terminvereinbarung www.refished.com

Freut auch die Oma: Mit deren alten Esszimmer-Möbeln ist Refished-Kapitänin Sissi Vogler in den Neunten gezogen und hat ihren Store für fröhlich bunte Taschen aus upgecycelten Zement- und Fischfuttersäcken möbliert. Blubbernde Fische und kultige Logos zieren Shopper, Beutel und Rücksäcke, die dank des Materials noch dazu leicht, wasserabweisend und robust sind. Halten also einiges aus. Die Produktion ist transparent und fair: Alles entsteht von Hand in einer Werkstätte für Minenopfer in Kambodscha, die Näherinnen signieren die Stücke sogar. Eine fesche Altbau-Boutique mit Fair Fashion, ganz viel Herz und schönen Dingen!

NACHHALTIGES LEBEN

muso koroni

Vollvegane Fashion-Boutique

Josefstädter Straße 33, 1080 Wien Mo–Fr: 10.00–18.30; Sa: 10.00–15.30
www.muso-koroni.com

Mittlerweile ist die Vegan-Welle ja endgültig in Wien angekommen. Passend, dass Jasmin Schister in der Josefstadt die erste vegane Fashion-Boutique eröffnet hat. Der großzügige Shop (benannt nach einer westafrikanischen Göttin, der Mutter aller Lebewesen) ist optisch eher unauffällig, dafür ist das ungewöhnliche Angebot top: Schuhe aus Kork, Mode aus Eukalyptusfaser, vegane Kondome und Sunblocker, Taschen aus Lederimitaten. muso koroni zeigt mit über 50 nachhaltigen Marken, dass hipper Style durchaus vegane Kriterien erfüllen kann. Das freut nicht nur die Öko-Fans, sondern auch Fashionistas: Die Kleider und Shirts sehen echt gut aus!

Unverschwendet

Die Lebensmittel-Retter

Schwendermarkt Stand 18, 1150 Wien Di–Fr: 15.00–18.00; Sa: 08.00–12.00
www.unverschwendet.at

Die Idee ist großartig: Die Geschwister Cornelia und Andreas Diesenreiter liefern eine kulinarische Lösung für das Problem der Lebensmittelverschwendung. In Österreich werden jährlich Millionen Kilo Obst und Gemüse in den Müll geworfen, weil die völlig intakten Früchte unförmig sind, übrig bleiben oder zur unpassenden Zeit reif werden. Unverschwendet sammelt diese Lebensmittel und verwandelt sie in Marmelade, Sirup, Pesto, Chutneys, Süß-Saures, Ketchup und Saucen. Pro Saison werden so im Schnitt 100.000 Kilogramm gerettet! Kaufen kann man die köstlichen Produkte am Unverschwendet-Stand am Schwendermarkt und online.

Zerum

Sehr nachhaltig, sehr relaxed

Kirchengasse 13, 1070 Wien Mo–Fr: 10.00–19.00; Sa. 10.00–18.00
www.zerum.at

„No Blood, no Sweat, no Tears" – Nachhaltigkeit über alles – ist die Devise des hellen Flagshipstores von Zerum, der nach Graz auch in Wien eröffnet hat. Und das gleich ziemlich geräumig auf zwei Etagen, sehr relaxed und sympathisch. So nett und tragbar wie die „Augen zu und tanzen"-Shirts von Zerum selbst sind auch die anderen dort erhältlichen Bio-Labels. Mit potentiellen Wohlfühl-Lieblingsteilen wie Polkadots-Blusen aus Tencel oder einem anschmiegsamen roten Kleid aus EcoVero Fasern. Auch viele Accessoires wie Zahnpasta, Schmuck und Brotdosen sind im Angebot. Fein und fair!

NACHHALTIGES LEBEN

trash_design

Alter Schrott wird wieder flott

Vogtgasse 29, 1140 Wien Mo–Do: 09.00–16.30; Fr: 09.00–14.00
www.trashdesign.at

Ziemlich cool, was man aus Elektroschrott alles machen kann! Unter dem Label trash_design fertigen Arbeitssuchende aus Mistplatz-Fundstücken Produkte von Schmuck bis Küchen-Accessoires. Das nennt sich Social Urban Mining – sowohl Menschen als auch Materialien erhalten so eine neue Chance. In der Werkstatt werden die Altgeräte in hochwertige Produkte verwandelt, im Showroom kann man sie kaufen. Das Bullauge einer kaputten Waschmaschine wird zum Beistelltisch und alte Mikrochips verwandeln sich in coolen Ohrschmuck. Schont die Ressourcen und ist dabei auch noch dekorativ.

Green Ground

Wiens größte Auswahl an Bio-Mode

Porzellangasse 14–16, 1090 Wien Di–Fr: 10.00–19.00; Sa: 10.00–17.00
www.greenground.at

Kathrin Haumer ist nicht nur Designerin, sondern hat auch ein Faible für Bio-Mode. Und da es mit „green fashion" in Wien (im Gegensatz zu anderen Metropolen!) noch ein bissl mager ausschaut, hat sie kurzerhand die passende Boutique für Frau und Mann eröffnet. Im Green Ground gibt es nur Mode aus 100% zertifizierter Bio-Baumwolle, Bio-Leinen, Hanf und Wolle – und dazu alles auch noch fair gehandelt. Die alltagstauglichen Shirts, Jacken und Kleider kommen aus ganz Europa. Und alle wichtigen Bio-Labels sind vertreten, darunter Armed Angels, Wunderwerk oder Givn Berlin. Öko-Mode mit Stil!

Alleskönner & Geschenke

ALLESKÖNNER & GESCHENKE

Schön & Gut

Der große Social Concept Store

Preßgasse 28, 1040 Wien   Mo–Fr: 09.00–18.00; Sa: 09.00–13.00

www.fairkauf.at

Da gibt's kein Börserl-Festhalten mehr: Die bunten Baumwoll-Taschen von „Schön & Gut" sind echt fesch, echt groß und kosten nicht viel. Und sie werden in einer Sozialwerkstatt direkt vor Ort von Arbeitssuchenden genäht. Der riesige, nette Laden mit dem kleinen Café wird nämlich von der AMS-Tochter Job-Transfair betrieben, verkauft wird dort ausschließlich fair Produziertes mit sozialem Mehrwert – neben Textilien auch Geschirr, Gewürzsalze, Holz-Möbel oder Upcycling-Lampen. Vieles aus den eigenen Werkstätten, einiges auch von anderen Sozialprojekten oder findigen Start-Ups. Tolles Projekt, toller Shop!

& friends

Mit Liebe ausgesucht

Operngasse 36, 1040 Wien Mi–Fr: 14.00–18.00; Sa: 11.00–16.00
www.andfriends.at

Über jedes Stück im Shop weiß Yasmin Proksch etwas zu erzählen, so gut wie alle HerstellerInnen kennt sie sogar persönlich. Fair Fashion vom Label Meijerhof, Bio-Hautpflege von vielö und Parfum von Bastille aus Paris – alles Dinge, die sie selbst liebt, verkauft sie in ihrem kleinen Reich. Herzstück des hellen Concept Stores ist aber ihr eigenes Label Yaga. Accessoires aus Leder, Schlüsselanhänger, Cardholder und Passhüllen stellt Proksch gemeinsam mit ihrer Großmutter aus recycelten Lederresten her. Sehr kleiner und sehr feiner Laden!

ALLESKÖNNER & GESCHENKE

Auf der Seil

Geheimtipp für Feinsinnige

Seilerstätte 18-20, 1010 Wien Mo–Fr: 11.00–18.30; Sa: 11.00–17.00
www.aufderseil.at

Edles, Feines, Prächtiges – und das alles mit viel Herzblut und Feinsinn zusammengetragen. Im Geschenkeladen von Katharina Klamerth gibt's eigentlich nichts, was nicht ganz besonders ist. Zart gemusterte Schächtelchen, die sie in Venedig aus einem Restbestand gerettet hat, mundgeblasene Trinkgläser aus Böhmen und die kultigen Glucki Gluck Fischkrüge. Die Produkte stammen von kleinen Manufakturen aus ganz Europa, dazwischen findet man auch Vintage-Einzelstücke wie Kimonos aus Japan oder Decken aus Indien. Hinreißend auch die kunstvoll bestickten Samtpolster von Anke Drechsel, schön wie ein Gemälde. Schon allein deswegen lohnt ein Besuch!

The Viennese Guy

Schönes von lokalen Designern

Wiedner Hauptstraße 113, 1040 Wien Mo–Fr: 13.30–19.00; Sa: 11.00–16.00
www.conceptstore.wien

Er nennt sich zwar „The Viennese Guy", Damen sind im Shop aber genauso willkommen. Das Geschäft für Design-Artikel und Accessoires ist in die Wiedner Hauptstraße umgezogen und hat sich bei der Gelegenheit gleich erweitert: Der neue Shop ist dreimal so groß, beherbergt 16 Designer und hat jetzt auch ein integriertes Café. Die Produktpalette reicht von lässigen Print-Shirts über handbemalte Keramik und Geldbörsen aus recycelten Turnmatten bis zu graphischen Illustrationen – allesamt geschaffen von Produzenten aus Wien mit Fokus auf Nachhaltigkeit. Originell und netterweise gar nicht teuer!

Alleskönner & Geschenke

Samt und Sonders

Charmant und groß

Rennweg 19, 1030 Wien Mo–Fr: 12.00–18.00; Sa: 10.00–13.00
samtundsonders.co.at

Am besten man bringt ausreichend Zeit mit. Bei Samt und Sonders gibt's nämlich in vier Räumen wirklich an jeder Ecke was Besonderes zu entdecken. Von auffälligen Ohrringen und palmenförmigen Kerzenhaltern über XL-Strandtaschen in zartrosa bis zu kleinen Delikatessen wie steirischem Kürbiskernlikör oder Mango-Fruchtessig. Besonders nett ist auch das entzückende romantische Porzellan von PIP Studio im Vintage-Stil. Die Vielfalt hier ist umwerfend, das Sortiment wechselt überdies je nach Saison. Auf der Suche nach dem passenden Geschenk wird man in dem charmanten Lifestyle-Store garantiert fündig.

mamabulè

Die Farben der ganzen Welt

Neubaugasse 45, 1070 Wien · Mo–Fr: 11.00–18.30; Sa: 11.00–17.00
www.mamabule.com

Im (siebten) Muster-Himmel landet man zwischen all den bunten Patterns
und kunstvollen Designs, die im mamabulè-Shop von Georg Rosegger über Kissen, Decken und Keramiken laufen. Seit seinem 16. Lebensjahr ist der Handelsreisende um die Welt gejettet, um – nicht nur, aber auch – außergewöhnliche Produkte mitzubringen. Nun werden die schönsten Sachen im chicen Laden verkauft: Vieles stammt aus kleinen Fairtrade-Manufakturen aus (Süd)Afrika, zum Beispiel die lässigen Mongoose-Taschen oder dekorativen Fenster-Bilderrahmen. Aber auch edle Hammam-Tücher und Plaids aus der Türkei sind im Angebot.

ALLESKÖNNER & GESCHENKE

paula

Gut Gelauntes für den Alltag

Wiedner Hauptstraße 36, 1040 Wien Mo–Fr: 09.00–18.30; Sa: 10.00–17.00
www.dasgeschenk.at

Paula Bader mag ungewöhnliche Dinge. Deshalb hat sie in ihrem Büro-Atelier kurzerhand ein kleines Geschäft eingerichtet und verkauft dort Sachen, die keiner zwingend braucht, aber jeder gerne hat – von blumenverzierten Plastik-Gießkannen aus Italien über Küchenschürzen und Bade-Entchen bis zu Tukan-Korkenzieher, Nessie Pastalöffel und Frühstücksbrettchen mit Aussage. Hauptsache bunt, witzig und gut designed. All die netten Dinge sind handverlesen, im Ausland und auf speziellen Messen besorgt – und das Sortiment wird laufend aktualisiert. Seit Corona gibt es auch einen Webshop. Toller Tipp für Geschenke!

violettsays

Stilvorgabe: fröhlich und furchtlos

Neustiftgasse 23, 1070 Wien
Di: 15.00–19.00; Mi–Fr: 11.00–19.00; Sa: 11.00–17.00 www.violettsays.at

Na eindeutig, diese Damen haben Humor! Weswegen man lieber ein bisschen mehr Zeit einplanen sollte, wenn man den netten Laden in der Neustiftgasse besucht. Schließlich wollen all die Sprüche auch gelesen werden, die violettsays auf T-Shirts, Taschen, Gürtel, Bücher, Unterwäsche und Schmuck verewigt. Mit wunderbarer Selbstironie will das Label ein bisschen Feminismus unter die Leute bringen. „Ich will kein Kleid. Ich will ein Pony!“ trotzt da das eine Fashion-Teil, während ein anderes frech feststellt: „Ich fürchte mich ein bisschen. Ich bin grad so fesch.“ Schmunzelfaktor? Hoch!

L'Adresse

Alles, außer gewöhnlich

Zollergasse 4, 1070 Wien Mo–Mi & Fr: 11.00–19.00; Do: 11.00–20.00; Sa: 10.00–18.00 www.ladresseconceptstore.com

Chic und charmant! Alles, was das französische Mutter-Tochter-Duo Anne und Hanae in ihrem gemeinsamen Concept Store verkauft, hat das gewisse „Je ne sais quoi“. Superzarter Goldschmuck aus Paris, fesche Kleider von Des Petits Hauts, entzückend verpackte „Soft Parfum“-Roll Ons, elegante Dessous und hübsche Glitzer-Taschen. Sogar Schlafbrillen und Geschirr mit witzigen Paris-Illustrationen von Soledad Bravi sind im Angebot. Vieles in dem charmanten Store kommt aus Frankreich, unter den rund 50 Labels findet sich aber auch Hübsches aus anderen Ländern – Hauptsache, es begeistert die Inhaberinnen. Und uns!

VfmK Boutique

Bücher, Kunst und Ungewöhnliches

Wiedner Hauptstraße 40, 1040 Wien   Mi–Fr: 12.00–18.00; Sa: 10.00–15.00
www.vfmk.org

Wenn Design und Kunst Freundinnen wären, sie würden Arm in Arm durch diesen Laden spazieren. VfmK ist das Kürzel für den „Verlag für moderne Kunst“, der internationale Kunstbücher publiziert. Das von einem Wiener Künstler entworfene Geschäft beherbergt aber nicht nur – teils wunderbar schräge – Kunstbücher und Magazine, sondern auch schicke Home Accessoires, Schreibwaren und Mode, die in Zusammenarbeit mit KünstlerInnen entstanden sind. Wie die Tischdecke mit Blumenwiese von Florent Souly oder Ohrringe von Ida Mari Molander. Das ist mal ein echt originelles Geschäft!

Schickeria

Schick, Schicker, Schickeria

Lindengasse 20, 1070 Wien Mo–Fr: 11.00–19.00; Sa: 10.00–18.00
www.facebook.com/schickeriavienna

Wien hat ja viele nette Geschäfte für Wohn-Accessoires, aber in der Lindengasse hat sich ein ganz besonderes niedergelassen. Im Schickeria mit seinen elegant-bunten Wänden findet man nur schöne Dinge, die es sonst in Wien kaum wo gibt – und die man am liebsten allesamt mit nach Hause nehmen möchte. Die geflochtenen Lampen etwa kommen aus Frankreich, das bunte Emaille Geschirr wird von drei Freundinnen in Istanbul produziert und die poetischen Vintage-Drucke stammen vom dänischen Drucker The Dybdahl. Hier nicht in einen Kaufrausch zu verfallen, ist tatsächlich ziemlich schwer.

Pomp & Gloria

Wonderland mit eigener Prinzessin

Lerchenfelder Straße 92, 1080 Wien   Mi–Fr: 11.00–18.00; Sa: 11.00–14.00
www.pompundgloria.at

So kitschig-schön wie dieser Laden ist auch die Story der Inhaber: Eigentlich wollte Oskar mit seinem Christoph auf eine Insel auswandern und dort heiraten. Die Jobs kündigten sie, dann ging's an die Räumung ihres Hauses. Der stilvolle Krusch der beiden fand im Internet so reißenden Absatz, dass die beiden beschlossen, einen Shop zu eröffnen – in Wien. Ein kaum in Worte zu fassendes 20qm-Wunderland, randvoll mit (echtem) Nippes, sprudelnden Badebomben, romantischen Poesie-Alben und Vintage-Raritäten von Möbel bis Fashion, bewacht von Chihuahua-Prinzessin Gloria, der Namensgeberin. Himmel, wie entzückend!

MOOI Beauty & Concept Store

Natürlich und schön

Josefstädter Straße 50, 1080 Wien Di–Fr: 09.00–19.00; Sa: 09.00–16.00
www.mooi-beauty.at

„Mooi" ist holländisch, bedeutet „hübsch" und ist ganz offensichtlich das Grundkonzept des Concept Stores in der Josefstadt. An der Decke schwebt eine Wahnsinns-Blumen-Installation von We are Flowergirls, der Naturharzboden leuchtet in frischem Grün. Und auf edlen Holzregalen suchen wunderschöne Deko- und Interior-Accessoires neue Besitzerinnen. Es gibt Schmuck von Dear Mara, bunt bedruckt Textiles von prater&stern, Duftkerzen von Lys & Hedde, Roughcutboards von Alexandra Palla, gesunde Delikatessen und Literatur. Und nach dem Einkaufen werden Wimpern gestylt und Maniküre oder Pediküre gleich noch drangehängt.

Répertoire

Schräge schöne Sachen mal 2

Otto-Bauer-Gasse 9 + 18, 1060 Wien Mo–Fr: 10.00–19.00; Sa: 10.00–18.00
www.repertoire.at

Keine Panik, liebe Geschenke-Sucher! Hilfe naht und zwar in Form des Répertoire: ein Laden, in dem man ein Präsent für praktisch jede/n findet, sogar für sich selbst. Lustige Badehauben für Freischwimmerinnen, Korbsessel für Sitzenbleiber, Bettwäsche für Träumer. Bunte Keramik, tierische Lampen, Schreibwaren, Spiele, Krimskrams – das Répertoire ist ein Sammelsurium der schrägen Dinge. Manchmal schön, immer originell und ganz bestimmt nie langweilig sind die Designs, die zwei Quer-Einsteigerinnen da liebevoll aussuchen. Und schräg gegenüber gibt's mittlerweile einen zweiten Shop mit Fokus auf Reisen und Outdoor.

SchönDing

Fundgrube im Volkskundemuseum

Laudongasse 15–19, 1080 Wien · Di–So: 10.00–17.00; Do: 10.00–20.00
www.schoending.at

Wunderbar wunderlich! Das Volkskundemuseum hat seinen Museumsshop neu gestaltet und kleine, reizende Dinge mit dem Fundus einer ehemaligen Eisenwarenhandlung (ja, echt) kombiniert: Zwischen Mini-Silhouetten in Streichholzschachteln und hölzernen Druckstempeln entdeckt man schwere Eisenschlüssel für den Schlüsselbund und skurrilen Krimskrams. Was Besonderes ist das Geschenkpapier, für das Textilmuster von Emilie Flöge kombiniert wurden. SchönDing ist kein großer Shop, aber so fein sortiert, dass man immer etwas kaufen muss. Und sei es fluoreszierendes Tape oder französische Einkaufsnetze.

Manufakturen

MANUFAKTUREN

Wiener Seife

Aus Tradition geschöpft

Hintzerstraße 2, 1030 Wien · Mo–Fr: 10.00–18.00; Sa: 10.00–14.00
www.wienerseife.at

Mitten im 3. Bezirk werden Woche für Woche Seifen gerührt, liebevoll von Hand, aus hochwertigen Zutaten, völlig chemiefrei. Der schmucke Seifenladen mit eigener Seifen-Manufaktur bietet 70 Seifen-Sorten und Seifenspezialitäten nach alter Rezeptur. Teerosen-Seife für anspruchsvolle Haut und Schaum-Massagen, Badeseife mit Edelweißextrakt oder Bergamotte-Seife, die auch gleich noch die Stimmung aufhellt. Es gibt sogar Seifen zur Haarpflege, zum Rasieren und für Vierbeiner. Im Shop duftet es wunderbar und die herzliche Besitzerin Sonja Baldauf nimmt sich mit ihrem Team viel Zeit für Beratung.

Ludwig Reiter

Rahmengenähte Schuhe

Weingartenallee 2, 1220 Wien - Süßenbrunn
Mo–Do: 09.00—17.00; Fr: 09.00–14.00   www.ludwig-reiter.com

1885 begann auf der Wieden die Geschichte einer der feinsten Manufakturen des Landes. Die edlen, rahmengenähten Schuhe von Ludwig Reiter gelten heute für viele Stammkunden als die schönsten Schuhe der Welt. Und als Beweis dafür, dass Tradition auch modern sein kann. Vor einigen Jahren übersiedelte die Manufaktur in die Donaustadt, seither werden die aparten Treter im wunderschön renovierten Gutshof Süßenbrunn produziert. Hier ist es dörflich, idyllisch, smart – wie in einem britischen Country-Roman. Passt perfekt zu den eleganten Sling Pumps und den geschnürten Mary Vetsera-Stiefeletten. In der Manufaktur befindet sich ein Fabriksverkauf, im 1. Bezirk der Shop.

MANUFAKTUREN

Die Buchbinderin

Schönes Papier für schöne Bücher

Florianigasse 5a, 1080 Wien Mo–Do: 09.00–17.00; Fr: 09.00–14.00
www.buchbinderin.at

Ach ist das eine nette Oase der Ruhe! In der liebevoll gestalteten Buchbinderei verbindet Kerstin Czerwenka alte Handwerkstradition mit kreativen Ideen: In der Shopping-Ecke des Ateliers präsentiert sie ihre farbenfrohen Tage- und Gästebücher, gebunden in feinem italienischem Papier, Metallic-Fotoalben, Leinen-Leporellos oder Notizbücher, die aus dem seltenen japanischen Urushi-Papier (ja genau, das ist der traditionell rote Lack) hergestellt werden. Ein Stück schöner als das andere! Neben dem Edel-Papierkram werden hier natürlich aber auch Bücher gebunden und besonders gerne zerfledderte Lieblingswerke repariert.

mano design

Manufaktur für Fragiles & Schönes

Grundsteingasse 36, 1160 Wien Di–Fr: 12.00–18.00
www.manodesign.at

Hedwig Rotter mag Porzellan. Die Designerin entwirft und produziert Geschirr, Leuchten, Tableware und Accessoires – mit ungewöhnlichen Formen und oft witzigen Motiven. Da kann es schon mal vorkommen, dass Hirsche über Tassen huschen, Trachten-Pärchen von Teller-Uhren schauen oder Vasen hauptsächlich aus Löchern bestehen. Besonders elegant geben sich die fragilen Lampen, deren Muster durch den Einsatz von Netzstrümpfen und Spitzen entstehen. Für mano design wird jedes Stück von Hedwig Rotter per Hand gemacht – und wer will, kann im Atelier hinter dem schönen Shop dabei zusehen.

Taschner Alexander

Das Archiv des Albert Pattermann

Kaiserstraße 8, 1070 Wien Di–Fr: 09.00–12.00, 14.00–18.00; Sa: 10.00–17.00
www.taschneralexander.wien

Wiener Damen von Welt lassen ihre Handtaschen in der Kaiserstraße fertigen. Und zwar von Hand. Die schöne Geschichte dahinter: Alexander Rippka hat das unschätzbare Modell-Archiv des 1931 gegründeten Lederwarenerzeugers Albert Pattermann übernommen und die Taschen-Klassiker von einst – zum Teil leicht adaptiert – wiederbelebt. Im Geschäft mit angeschlossener Werkstatt sind rund 40 zeitlose Abend-, Shopping- und Umhänge-Modelle zu haben, darunter auch extravagantere in Silber oder Pink. Sogar innen sehen die Taschen elegant aus. Ein Hauch Dior aus Wien in Werkstatt-Atmosphäre sozusagen!

MANUFAKTUREN

Tessuti

Hier wird alles handgenäht

Drahtgasse 3, 1010 Wien Mo–Fr: 10.00–18.00; Sa: 12.00–16.00
www.tessuti.at

Die drei symphatischen Damen von Tessuti sind so beschäftigt, dass sie kaum aufblicken von ihren Stick- und Nähmaschinen. Die Ladies fertigen Handtücher, Bettwäsche, Stoffkörbe, Polster und Tischsets an – alles besonders, alles handgemacht, alles wirklich schön. Dass die drei was von Qualität verstehen, ist offensichtlich: Die Weberei befindet sich in Italien und die Leinenstoffe kommen aus Österreich und Dänemark. Im geräumigen Shop kann man entweder gleich einkaufen oder die Wohn-Accessoires nach persönlichen Wünschen nähen, kombinieren und besticken lassen. Echt fein – auch für Hochzeitslisten!

Hornmanufaktur Petz Store

Tradition im 21. Jahrhundert

Westbahnstraße 7, 1070 Wien Mo–Fr: 10.00–13.00, 13.30–18.30; Sa: 10.00–13.00, 13.30–17.30 www.petz-hornmanufaktur.at

Er ist der letzte seiner Art in Wien: Thomas Petz führt die 1862 gegründete Hornmanufaktur in fünfter Generation, die Werkstatt im 15. Bezirk besteht auch schon seit 100 Jahren. In Neubau hat er nun dazu einen Store eröffnet, und dass der Urenkel Tradition mit Moderne vereint, sieht man auf den ersten Blick: Die geschwungene Decke ist ganz roh belassen, die Schmuckstücke werden auf schlichten Metall-Regalen präsentiert. Und es gibt viel zu sehen: Kämme, Zopfbänder, Ohrstecker, Dekor-Schalen, Sonnenbrillen – alles Handarbeit und jedes Stück durch Maserung und Farbe des Horns ein wunderschönes Unikat.

Glashütte Comploj

Alte Glaskunst ganz modern

Westbahnstraße 18, 1070 Wien   Mo–Sa: 10.00–18.00
www.glashuettecomploj.at

Vergesst Murano, die wahre Glasbläserkunst könnt Ihr jetzt in Wien erleben! Der junge und äußerst sympathische Tiroler Robert Comploj kam zufällig vom Tischlern zum Glasblasen und erlernte sein Handwerk bei den Großen dieser Welt. Heimgekehrt nach Österreich, revolutionierte er mit seinem fast punkigen, aber unglaublich stilsicheren Zugang die Glasszene. In Wien hat er seine stylishe „Glashütte" eröffnet: Im strahlend weißen Shop sind seine fantastischen Werke von Trinkglas bis Vase zu kaufen – und der Meister werkelt hier auch persönlich. Praktisch, so kann man nämlich spezielle Wünsche in Auftrag geben.

feinedinge*

Porzellan zum Schwärmen

Margaretenstraße 35, 1040 Wien   Mo–Sa: 10.00–18.00
www.feinedinge.at

Die riesigen, aufwendig dekorierten Schaufenster sind nicht zu übersehen. Nachdem Sandra Haischberger ein paar Mal umzog – und der Shop mit angeschlossenem Atelier jedes Mal noch größer und noch schöner wurde – ist die gebürtige Niederösterreicherin in der Margaretenstraße angekommen. Dort kreiert sie ihre Kostbarkeiten aus Porzellan. Die Tableware-Serie „Alice" mit der markanten Spitze wurde in Schweden genauso zum Hit wie in Japan oder Kuwait, auch die fragilen Vasen und zarten Lampen haben Fans in der ganzen Welt. Hergestellt wird jeder Artikel aber immer noch zu 100 % in Handarbeit, mit viel Liebe zum Detail, in Wien.

diestadtspionin
BADEN IM LAND UM WIEN
Ein Taschenführer für Sommerfrischler & Badenixen
WUNDER GARTEN

diestadtspionin mini
DER UNTERGRUND VON WIEN
Ein Taschenführer zur Stadt unter der Stadt: Bars, Shops, Wellness, Führungen
WUNDER GARTEN

diestadtspionin
Entdeckungen im Land um Wien
LANDPARTIE
Essen | Shops | Schlafen
Ausflüge
WUNDER GARTEN

ISBN 978-3-903070-16-5
Erste Auflage

Bildnachweis: Alle Bildrechte liegen bei der StadtSpionin bzw. den ShopbesitzerInnen.
Außer Seiten 10: Robert Weinzettl. 11: Ernst Kainersdorfer. 13: Inge Prader. 15: Andreas Pohnitzer. 19: Michaela Krauss-Boneau. 21: Toni Woldrich. 22: Andreas Maxones. 29: Hertha Hurnaus. 30: Max Kropitz. 47: Florian Schaller. 48: David Sailer. 51: Melanie Kuglitsch. 55: Ludschi. 57: Andrea Lems. 63: jennikoller.com. 70: Olga Kretsch Photography. 71: Mark Graninger. 73 & Cover: Valerie Eccli. 76: Roland Zygmunt. 87: Moritz Scheer. 89: Sissi Vogler. 99: Nadja Hudovernik. 100: Christina Häusler. 101: A. Albrecht. 106: Michèle Mahal. 108: Leonhard Hilzensauer. 111: Martin Flousek.

Die StadtSpionin dankt Katharina Pech, Stefanie Schermann und Sigrid Gerl.

ArtDirektion und grafische Gestaltung:
Carina Reindl
www.carinareindl.com

Druck: Alföldi, Debrecen
Printed in the EU

Wundergarten Verlag
Sabine Maier
Phorusgasse 7
1040 Wien
www.wundergarten.at